Alfred L. Rosteck

*seelen*land

Alfred L. Rosteck

*seelen*land

Lyrik

Bibliografische Information der Deutschen Nationalbibliothek
Die Deutsche Nationalbibliothek verzeichnet diese Publikation in der Deutschen Nationalbibliografie; detaillierte bibliografische Daten sind im Internet über http://dnb.d-nb.de abrufbar.

©2014 Alfred L. Rosteck
www.alfredrosteck.com

Umschlagentwurf: Alfred L. Rosteck
Titelfoto: Alfred L. Rosteck

Herstellung und Verlag:
BoD – Books on Demand GmbH, Norderstedt
ISBN 978-3-7386-0106-0

Inhalt

seelenland	9
Der Stein	10
Gefundenes Paradies	11
Eiskalter Engel	12
Das restliche Glück	13
Nach Eden	14
Zu wenig gefreut	15
Erfrorene Herzen	16
Des Lichtes Trost	17
Geraubtes Herz	18
Neuer Mut	19
Liebe endet nie	20
Schmerzliche Erinnerung	21
Letzte Schritte	22
Ruhelosigkeit	23
Störung	24
Weit oben	25
Ketten	26
Bedrängnis	27
Traumwelt	28
Späte Gewissheit	29
Ganz weit oben	30
Verderblicher Lohn	31
Die Hoffnung bleibt	32
Fragen ohne Antwort	33
Letzte Liebe	34
Kein Entkommen	35
Neuer Tag	36
Sternenpfand	37
ewige frage	38
Schicksals Gift	39

Vermisst und gefunden 40
Wunschtraum 41
Spätsommermelodie 42
Gestillte Sehnsucht 43
Hamsterrad 44
Die Tür fällt zu 45
Verwandlung 46
Zeitlos 47
Geteiltes Licht 48
Zwischen den Zeilen 49
Das Leben ist stärker 50
Stille Botschaft 51
Entrinnen 52
Traumgeschenk 53
Verbindende Trennung 54
Ermahnung 55
Knappe Frist 56
Nie zu spät 57
Kinder der Erde 58
Immer du 59
Wie lange noch 60
Geträumte Liebe 61
Nur für den Augenblick 62
Sonnenstrahlen 63
zeiten des lebens 64
Ein Engelsflügel 65
Bilanz 66
Vieles schräg 67
Gefangen in der Zeit 68
Noch ein Weilchen 69
Es war gut 70
Rote Tränen 71
Kurze Schritte 72
Versunkene Erinnerung 73

Traurigkeit 74
Letzte Zeit 75
Wiedergeburt 76
Tödliche Hitze 77
Umleitung 78
Erfrorenes Glück 79
Alles vergänglich 80
Vergessen 81
Schnee in dunkler Nacht 82
Verlorene Mitte 83
Vergängliche Schönheit 84
in sich ganz 85
Finale 86
Begeisterung 87
Stiller ist's 88
Höchstes Streben 89
Helle Gedanken 90

seelenland

zerklüftet' gestein
reißender bach
einsames sein
brüchiges dach

träume vom licht
finstere zeit
karges gericht
sommer noch weit

zuckende blitze
stürmisches jahr
kälte und hitze
jähe gefahr

liebliche frau
lieben und teilen
heitere schau
wunden verheilen

blick weit ins tal
sonne so mild
glückliche wahl
schützender schild

ins abendrot schauen
still hand in hand
nichts mehr zu bauen
im seelenland

Der Stein

Der Stein ist endlich fort.
Er liegt am richt'gen Ort.
Die Freude ist sehr groß.
Ich bin die Last jetzt los.

Doch nach ein paar Tagen
beginn ich mich zu fragen,
was soll ich jetzt bloß tun?
Kann nicht immer ruhn.

Ein andrer Stein muss her!
Mein Leben ist sonst leer.
Werd alle Kunst entfalten
und ihn sehr schön gestalten.

Es dauert ein'ge Zeit,
bis es ist soweit.
Und wenn's mir wird zuviel,
von vorn geht an das Spiel.

Gefundenes Paradies

Selten schien die Sonne heller,
als hier in diesem schönen Land.
Das Herz im Leib schlug mir viel schneller,
weil du nahmst mich bei der Hand.

Zusammen schritten wir durch Wiesen,
Wälder grün und voller Stille.
Wind und Sonne uns verhießen
Liebesglück in höchster Fülle.

Ein Plätzchen dort im weichen Moos,
gleich wo der Bach so zärtlich rauscht.
Wie war doch unser Sehnen groß!
So viele Küsse heiß getauscht!

Weich gebettet, Wang' an Wange,
schliefen wir dann glücklich ein.
Jetzt ist uns sicher nicht mehr bange,
denn wir sind niemals mehr allein.

Dies Land war ohne dich auch schön.
Doch jetzt ist es das Paradies,
das der Himmel ließ uns sehn.
Und weitres Glück uns zweien verhieß.

Eiskalter Engel

Sie ist ein Engel von Gestalt.
Doch ist ihr Blick so eiseskalt.
Sie hält von Liebe gar nicht viel.
Die ist für sie nicht mal ein Spiel.

Sie zieht die Männer magisch an.
Doch keinem hat es gut getan.
Sie vergehen reihenweise
an ihrem harten Herz aus Eise.

Doch der Berührung Augenblick
ist der Männer höchstes Glück.
Wenn jeder auch an ihr zerbricht:
Sie hört und sieht und merkt es nicht.

Das restliche Glück

Das restliche Glück ging verloren im Mai.
Jetzt hatte er keins mehr. War aus und vorbei.
Die Frau seines Lebens enttäuschte ihn schwer.
Sie lief ihm davon und ließ ihm nichts mehr.

Er hatte kein Glück mehr und war jetzt neutral.
Kein Glück und kein Pech, also normal.
Nichts tat ihm weh und er fühlte sich wohl.
Erhielt seinen Zustand durch viel Alkohol.

Er dachte bei sich, ist gar nicht so schlecht.
Es ist keine da, der ich mache nichts recht.
Es ging zwar verloren das restliche Glück.
Doch wenn man's bedenkt: es blieb ihm ein Stück.

Nach Eden

Verloren längst der Kampf um Eden.
Inferno droht mit roter Hand.
Obwohl sie ständig Wonne reden,
bleibt die Wahrheit leerer Tand.
Wer zieht denn eigentlich die Fäden?

Unterdrückt der Menschheit Zierde.
Degradiert zum stummen Vieh.
Roh entkleidet aller Würde
findet sie die Freiheit nie.
Stöhnt nur unter schwerer Bürde.

Mit rechten Dingen kann's nicht werden.
Auf, erhebt euch ohne Scheu!
Die als Herren sich gebärden,
jagt davon und bleibt euch treu.
Errichtet neu das Reich auf Erden.

Die Sehnsucht soll ihr Ziel erreichen.
Schon diesseits nach dem Höh'ren streben.
Die Unterdrücker müssen weichen.
Endlich frei und glücklich leben.
Nach Eden weisen dann die Zeichen.

Zu wenig gefreut

Wohin geht der Weg?
Wo liegt denn das Ziel?
Wieviel Zeit hab ich noch?
Ob genug ich getan?

Kann die Tränen nicht halten.
Die Traurigkeit groß.
Es ist mehr ein Ahnen.
Vom großen Geheimnis.
Oberflächlich.
Ja, viel zu seicht.
Kratzen am Lack.
Den Kern nicht gefunden.

Ist's dunkel, ist's licht?
Ich werde es sehen.
Werd eines bereuen:
Zu wenig gefreut.

Erfrorene Herzen

Obwohl es die ganze Nacht schneite,
zieh ich eiswärts.
Dort draußen in endloser Weite
such ich dein Herz.

Ist es erfroren im Stürmen der Nacht?
Versunken im See?
Ward es den Wölfen zum Opfer gebracht?
Begraben vom Schnee?

Ich weiß nur, ich bin tot ohne dich.
Mein Fühlen erstarrt.
Es ließ mein Herz dich niemals im Stich.
Du hast mich genarrt.

Da sink ich hernieder im endlosen Weiß.
Ich hab dich verloren.
Mein Herz, das geb ich hin dir als Preis.
Sind beide erfroren.

Des Lichtes Trost

Ich möchte grüne Wiesen sehen.
Über bunte Blüten gehen.
Dem Vogelsang voll Andacht lauschen.
Ruhen, wo die Wasser rauschen.

Glück nur spüren Hand in Hand.
Mit dir im Friedenswunderland.
Die Sonne ihren Teppich breitet.
Das Herz vor Seligkeit sich weitet.

Doch der Traum bleibt unerreicht.
Der Frieden schnell dem Albtraum weicht.
Als steinig weist die Welt sich nur.
Zurückgedrängt ist die Natur.

Müde wankend durch die Wüste.
Dunkelheit umgibt uns triste.
Hasserfüllt die Welt sich zeigt.
Der Tag sich bald zu Ende neigt.

Nur der Traum schenkt uns noch Leben.
Kann allein uns Hoffnung geben.
Dass reine Wasser uns erquicken.
Wir froh des Lichtes Trost erblicken.

Geraubtes Herz

Nebelschleier ziehen
durch das Traumgemüt.
Die Sonnenstrahlen fliehen.
Der Blumen Duft verblüht.

Im Dunst verblasst dein Bild.
Der Kopf noch ahnt den Stich.
Das Herz doch nichts mehr fühlt,
weil du es nahmst an dich.

Du schwandest geisterhaft,
ohne jeden Laut.
Wie hast du mich gestraft,
weil ich dich wollt zur Braut.

Ich wusste, wer du bist.
Du lässt dich nicht betören.
Doch hab ich dich geküsst.
Wollt keine Warner hören.

Du sammelst Männerherzen
und hast bereits sehr viele.
Sie fühlen nicht mal Schmerzen.
Vermissen die Gefühle.

Die Nebelschleier hüllen
still das Dasein ein.
Ahnend nur erfühlen,
was Liebe könnte sein.

Neuer Mut

Wo sind die Sterne, die sonst mich geleitet?
Die Sonne ist ferne, die Glück mir bereitet.
Mein Fühlen ist tot, mein Wollen gelähmt.
Was einst sich mir bot, scheint heute vergrämt.

Kann Mut ich neu fassen und Hoffnung gebären?
Die Trauer wohl lassen, mir Freude bescheren?
Der Geist ist verborgen, doch wirkt er noch fort.
Umwölkt nur von Sorgen an düsterem Ort.

Sonne, geh auf und leucht mir ins Herz!
Nimm deinen Lauf gar hoch himmelwärts!
Erstrahlte dein Glanz, ich fänd wieder Kraft.
Erfüllt würd ich ganz von Leidenschaft.

Erstrahlet, ihr Sterne, erhellt mir die Nacht!
Auf dass ich bald lerne, was glücklich mich macht.
Verginge der Dunst, zu mir käm das Licht.
Aufs neu würd die Kunst mir zur glücklichen Pflicht.

Liebe endet nie

Die Worte sind verlogen.
Die Schienen sind verbogen.
Die Züge eingestellt.
Ein Loch hat unsre Welt.

Die Ehrlichkeit versunken.
Der frohe Mut ertrunken.
Niemand weiß mehr Rat.
Es fehlt die rasche Tat.

Doch im Sonnenschein
Hand in Hand zu zwei'n
schreiten, die sich lieben.
Das ist gleich geblieben.

Schmerzliche Erinnerung

In einem schönen Blumengarten
sah ich einst ein Blümlein klein.
Das Knöspchen schien darauf zu warten,
dass es weckt der Sonnenschein.

Ich wollte nehmen es an mich.
Sollt mich in meinem Haus erfreun.
Es keiner andern Blume glich.
Ich wär fortan nicht mehr allein.

Doch ein Fremder stahl sie mir.
Ihn lächelte sie freundlich an.
Dient seinem Hause jetzt zur Zier.
Soll er sehn, was er gewann.

Ich denk noch manchmal dran zurück.
Was hätt aus uns wohl werden können?
Hätte uns gelacht das Glück?
Doch ihm werd ich sie niemals gönnen!

Letzte Schritte

Meiner schweren Schritte Spur
sich zieht durch tief verschneiten Wald.
Ich bin eins mit der Natur.
Kehr zurück zu ihr gar bald.

Durchschritt ein langes Lebensjahr.
Der Schnee jetzt weiß sich niedersenkt.
Sehr kurz die lange Reise war.
Jeder weitere Schritt geschenkt.

Werde bald mich niederlegen
in ein Bett, so weiß und kühl.
Kann jetzt keinen Groll mehr hegen.
Friedvoll sanft ist mein Gefühl.

Wenn im Frühjahr taut der Schnee
und grün das frische Leben sprießt,
bin längst ich fern dem alten Weh.
Ein neues Dasein freundlich grüßt.

Ruhelosigkeit

Die Sehnsucht treibt mich ewig voran.
Zu finden den Ort, wo alles begann.
Wo stille Zufriedenheit ist mein Zuhaus.
Und glücklich ich bin, tagein, tagaus.

Liegt er hinter dem endlosen Meer?
Dort, wo die Stürme wehen einher?
Sind es die blitzenden Gipfelhöhen?
Die eisigen Weiten, wo die Seelen verwehen?

Hab alles gesehen. Ich fand den Ort nicht.
Mag sein, dass mir die Einsicht gebricht.
Die Sehnsucht treibt mich weiter voran.
Bis dann zu Ende, was einstens begann.

Störung

Ein Splitter der Vergangenheit
manches Mal ins Herz dir dringt.
Und plötzlich eine Saite schwingt,
die verstummt vor langer Zeit.

Da erwachen dann Gefühle
voll süßer Wehmut tief in dir.
Du willst es nicht, kannst nichts dafür.
Sie treiben mit dir böse Spiele.

Doch wie ein Blitz nur kurz erhellt
in dunkler Nacht das Firmament,
dies Gefühl, so vehement,
in deinem Herzen bald zerfällt.

Du denkst bei dir, es war doch schön,
zu fühlen wie du einst geliebt.
Doch alles, was dir Frieden gibt,
noch besser ist. Das soll bestehn.

Weit oben

Oben, weit oben,
da ist alles klar.
Mag unten es toben:
Vergiss das, was war.
Der Traum fliegt hinaus,
weit über das Land.
Dort ist sein Zuhaus,
kein fesselndes Band.
Vogelgleich schweben.
Das Herz jubelt frei.
Dort ist das Leben.
Die Not ist vorbei.

Ketten

Die Ketten, die das Herz umwinden,
endlich einmal loszuwerden,
scheint das größte Ziel auf Erden.
Lässt sich denn kein Ausweg finden?

Fällt eine Kette endlich ab,
wird die nächste nachgereicht.
Die Last darum auch niemals weicht.
Sie bleibt dir, manchmal nicht zu knapp.

Des Lebens Zweck scheint es zu sein,
zu prüfen deines Herzens Stärke.
Kann vollbringen es die Werke
trotz der Last, schwer wie ein Stein?

Doch manche Ketten schwerer wiegen.
Sie noch dazu mit Spitzen stechen.
Manche an der Last zerbrechen
und im Kampfe unterliegen.

Lässt sich denn da keiner finden,
der ein Stück mit uns will gehen?
Der uns lehrt, stark zu bestehen
und sich der Ketten zu entwinden?

Bedrängnis

Dunkel bedrängt
in finsterer Nacht.
Die Sonne nicht schenkt,
was glücklich dich macht.

Es scheint alles grau.
Doch ist es das auch?
Du weißt ganz genau:
Es ist Schall und Rauch.

Flüchtig wie Nebel.
Ein Elfentritt bloß.
Und doch drückt der Knebel.
Die Schlinge dein Los.

Befrei mich vom Zwange!
Besiege die Not!
Zertritt doch die Schlange!
Und töte den Tod!

Ohnmächt'ger Schrei.
Aus zerrissener Brust.
Wann ist vorbei
die teuflische Lust?

Doch einst lacht das Licht
erneut uns ins Herz.
Und dann auch zerbricht
unser Kummer und Schmerz.

Traumwelt

Staunend sehe ich mich um.
Ist es ein Traum, ist es das Leben?
Und ich frage mich, warum
und wie es so etwas kann geben.

War ich wirklich in dem Land,
wo warm die Sonne uns umfängt?
Wo das Meer liebkost den Strand?
Wo Frucht und Blüten eng vermengt?

Aus der Tiefe ew'ger Zeit
erstand, was heute noch zu sehen.
Doch der Höhepunkt scheint weit,
so weit. Doch wird es weitergehen.

Es war ein Traum. Kann es kaum fassen.
Doch tief noch der Erinn'rung Schein.
Am Ende wird auch der verblassen.
Doch das Gefühl wird immer sein.

Späte Gewissheit

Zieh herauf aus sonn'gen Tagen,
Erinnerung, aus Licht gemacht.
Gib mir Antwort auf die Fragen,
die gefühlt und nicht gedacht.

Ist ein Ahnen ohne Ende.
Ein Gefühl, so quälend lang.
Kein Intellekt, und füllt' er Bände,
weiß zu brechen diesen Zwang.

Erst wenn das Herz sich wissend zeigt,
gibt es der Hoffnung wieder Raum.
Sobald der Tag sich dämmernd neigt,
wird zur Gewissheit vager Traum.

Ganz weit oben

Wie kann die dichten Wolkenmassen
der helle Sonnenschein durchdringen?
Wer kann den Frühling ganz erfassen,
wenn Dämmerung das Licht will zwingen?

Wo Sorgen dicht das Herz bedrängen,
lässt die Freude dich im Stich.
Wenn sich Angst und Sorge mengen,
sucht man Trost gar inniglich.

Sorgenstürme unten toben.
Im Licht, da liegt das wahre Leben.
Irgendwo, so ganz weit oben,
wird die Freiheit dir gegeben.

Verderblicher Lohn

Weine, mein Herz, und klage!
Nichts ist mehr so, wie es soll.
Alles ist jetzt aus der Waage.
Mir scheint, das Maß ist bald voll.

Doch das Wort geht ins Leere.
Die Welt belacht es voll Hohn.
Wenn unterschätzt sie die Schwere,
sie bald empfängt ihren Lohn.

Lernen aus schmerzlichem Tun.
Nicht alles bringt kleckliche Frucht.
Auf verderblichem Lorbeer zu ruhn,
hat mancher vergebens versucht.

Die Hoffnung bleibt

Schrecken, Finsternis und Tod
suchen sie dich stets zu lehren.
Fürcht die Welt und deinen Gott.
Sinnlos, sich dagegen zu wehren.
Demut, Angst, Ergebenheit
sollst zerknirscht du ewig zeigen.
Vermeide jeden kleinen Streit
mit jenen, denen Macht ist eigen.
Der Mensch ein freies Lebewesen?
Sie lachen über den Gedanken.
Er ist stets ihr Eigentum gewesen.
Und wiesen ihn in seine Schranken.
Doch einmal wird die Freiheit siegen.
Das Böse wird sich beugen müssen.
Auf der Liebe Schwingen fliegen
alle, deren Herz zerrissen.
Gott hat sein Antlitz lang' verborgen.
Er wird sich zeigen voll im Licht.
Vergehen werden alle Sorgen.
Die Tyrannei im Nu zerbricht.
Ein Traum nur auf der alten Erde?
Wird sich die Morgenröte zeigen?
Die Hoffnung bleibt, dass es so werde.
Bis dahin bleibt uns nur Schweigen.

Fragen ohne Antwort

Hinanzusteigen,
schweigend,
ohne Fragen,
die steile Mühe
ungebrochen
bis zuletzt?

Wer kann das schon?
Es drängt doch jeden
zu erfahren und zu wissen,
was der Grund
und was der Sinn?

Denn ihn zu kennen
hilfreich wäre.
Sonst alles ist
ein Taumeln nur
an des Abgrunds Rand.

Hinanzusteigen,
schweigend,
ohne Fragen?
Frage ruhig.
Vielleicht kommt Antwort.
Doch bloß wann?

Letzte Liebe

Komm her, o Mädchen, küsse mich!
Zum Abschied du mein Herz mir brich!
Dann ist's vorbei. Muss nicht mehr leiden.
Und du erlebst jetzt andre Freuden.

Denn niemals scheint die Frühjahrssonne
auf Herbstes dürres Laub mit Wonne.
Verträgt sich nicht, was jung, was alt.
Wird nicht mehr warm, was schon ist kalt.

Der Junge dort, der wartet schon.
So mach dich schnell mit ihm davon.
Des späten Jahres fahler Schein
soll meine letzte Liebe sein.

Kein Entkommen

Ein klein wenig noch,
dann ist's vorbei.
Es fliegt die Hoffnung hoch.
Dann endlich frei.
Das Herz nun höher schlägt.
Vor Freude singen.
Die Erfahrung prägt.
Welt umschlingen.

Der nächste Schritt getan.
Er ging so leicht.
Doch dann verfliegt der Wahn.
Die Freude weicht.
Die Schlinge bloß sich dehnte.
Stachelkranz.
Wer sich geborgen wähnte,
erstickte ganz.

Neuer Tag

Heller Sang im Morgenrot
erfüllt das Herz mit neuer Gnade.
Die Nacht durchquert im Silberboot.
Nun landet's an des Tags Gestade.

Was wird erfüllen leeres Blatt?
Welch Gedicht wird denn erklingen?
Eines, das verloren hat
den Mut, den Jubel laut zu singen?

Oder wird ein Hymnus schallen,
der erzählt von zarter Lieb?
Die dem Herzen kann gefallen?
Der entsprießt ein grüner Trieb?

Blütenreigen, Sonnenlicht.
Flieg empor, o Herz, ins Blau!
Denn aus allem Liebe spricht.
Nur dorthin das Auge schau'!

Sternenpfand

Auf der weiten Sternenwiese
blüht ein wunderschöner Stern.
Wenn er sich nur pflücken ließe,
ja, dann schenkt' ich ihn dir gern.

So such ihn dort am Himmelszelt.
Der hellste ist's von allen.
Wenn er auch dir so gut gefällt,
lass seinen Schein ins Herz dir fallen.

Kannst meine Liebe du erahnen,
die ich stets für dich empfunden?
Der Stern soll dich an sie gemahnen
und milde heilen deine Wunden.

Vielleicht kannst du mir dann vergeben,
was ich einst dir angetan.
Ich würde eiligst zu dir streben,
erneut zu finden, was zerrann.

Nimm den Stern als Unterpfand
für meine Liebe und die Reue,
die mich immer an dich band.
Schenk deine Liebe mir aufs neue.

ewige frage

ewig suchen
nach den mitteln
zu dem heil
half kein fluchen
und kein kritteln
war keins feil

geschrieben steht
dem wird gegeben
der bittet drum
man innig fleht
um bessres leben
doch er bleibt stumm

wird schon werden
man tröstet sich
hat's oft getan
auf dieser erden
hilft sicherlich
nur fragt sich wann

Schicksals Gift

Mit Blindheit geschlagen.
Warum siehst du das nicht?
Du würdest es wagen.
Doch fehlt dir das Licht.

Verdunkelt der Blick.
Das, was du siehst,
führt stets nur zurück.
Vergebens du fliehst.

Wer ist dran schuld,
wenn's wird dir zuviel?
Du verlierst die Geduld.
Verpasst noch das Ziel.

Leicht ist's gesprochen.
Wenn's andre trifft.
Sind viele zerbrochen.
An Schicksals Gift.

Vermisst und gefunden

Wie lange musste ich vermissen
deinen weichen Mund zu küssen.
Du botest ihn mir willig dar.
Das Gefühl war wunderbar.

Und was da sonst noch alles war!
Dein wunderbares langes Haar.
Und deiner Augen dunkles Tief,
das ohne Worte nach mir rief.

Alles, was da lange schlief,
plötzlich wie von selber lief.
Du spieltest zwar kokett mit mir,
doch zogst du sanft mich hin zu dir.

Wenn ich deinen Körper spür,
beinah ich den Verstand verlier.
Ich nehm dich fest in meinen Arm.
Wie glatt ist deine Haut und warm!

Ich erliege deinem Charme.
Bin willenlos, dass Gott erbarm.
Wir liegen zärtlich Brust an Brust
und genießen unsre Lust.

Es wurde uns hernach bewusst,
dass Abschied wäre ein Verlust.
Denn niemals möchten wir mehr missen,
uns voll Zärtlichkeit zu küssen.

Wunschtraum

Kann von Ferne dich nur sehen.
Wag mich nicht in deine Näh.
Gerne würd ich mit dir gehen.
Weil ich einfach auf dich steh.

Wahrte stets die Contenance.
Ich hoffte, ich auch so dich krieg.
Hab vertan die letzte Chance.
Doch so erringt man keinen Sieg.

Hast einen andern dann genommen.
Bekamst sehr bald dann auch ein Kind.
Das wird jedoch dir niemals frommen.
Bestimmt wir füreinander sind.

Ich werde endlich was riskieren.
Wirst sehr bald schon mir gehören.
Werde einfach dich entführen.
Und du wirst mir Treue schwören.

Du wirst sehr bald mich schätzen lernen.
Lieben wirst du mich von Herzen.
Liegt die Vergangenheit in Fernen,
wird sie dich auch nicht mehr schmerzen.

Kann dich aus der Nähe sehen.
So oft ich immer das auch will.
Zusammen werden wir dann gehen.
Und du hältst für immer still.

Spätsommermelodie

Des späten Sommers Melodie
mild in meinen Ohren klingt.
Aus der Vergangenheit bringt sie
ein Fühlen, das ins Herz mir dringt.

Weit bist du, du schöne Zeit!
Wohin entschwandst du bloß, wohin?
Es macht sich schon der Herbst bereit.
Dunkler jetzt die Harmonien.

Wenn auch die einst'ge Hoffnung fehlt,
so trag ich doch in mir das Bild.
Die Erinn'rung ist's, die zählt.
An unsre Liebe, heiß und wild.

Gestillte Sehnsucht

Leer erschienst du mir, mein Herz!
Bis ich dich erblickt, du Schöne!
Jetzt fühle ich der Liebe Schmerz.
Weil ich mich nach dir so sehne.

O könntest du auch lieben mich!
Freude füllte dann mein Leben.
Niemals ließ' ich dich im Stich.
Würd mein ganzes Herz dir geben.

Die Sonne ist mir aufgegangen.
Du nahmst ganz zärtlich meine Hand.
So wird uns beide fest umfangen
unsrer großen Liebe Band.

Hamsterrad

Dicht verwoben Laut und Stille.
Schwankend zwischen Traum und Wille.
Im Niemandsland des Seins gefangen.
Stets geplagt von heiß' Verlangen.

Auszubrechen aus der Fron.
Ertragen. Doch für welchen Lohn?
Ungewiss die Zukunft droht.
Leben, oder doch der Tod?

Im Hamsterrad die Runden drehen.
Nur nicht auf die Seite sehen.
Strampeln kann man, was man will.
Doch erreicht man je sein Ziel?

Die Tür fällt zu

Die Tür fällt zu.
Kein Weg zurück.
Wo bleibst du?

Geschlossne Türen.
Versperrtes Glück.
Alleinsein spüren.

Neue Tür.
Geht auf ein Stück.
Ob's steht dafür?

Dann tret ich ein.
Ein rascher Blick.
Zusammensein.

Verwandlung

Es lebe das Leben.
Es sterbe der Tod.
Im Morgenrot
der Hölle entschweben.

Allmählich genesen
von endlicher Pein.
Ein anderes Sein
für besseres Wesen.

Vergessen für immer
die tödlichen Mauern.
Wird ewig nun dauern,
der silberne Schimmer.

Zeitlos

Welche Zeit kann besser sein?
Gestern, morgen, irgendwann?
Ist doch alles bloßer Schein.
Die Zeit hält uns in ihrem Bann.

In der Menge aller Zeiten
festgenagelt im Moment.
Trotz unendlich großer Weiten
man nur das Hier und Jetzt erkennt.

In unsrem Denken starr gefangen.
Aus dem Käfig kein Entfliehen.
Wir können Freiheit nicht erlangen.
Unsre Zeit ist nur geliehen.

Schwer und wahrlich mühsam ist,
sich im Geist hinaufzuschwingen.
Wo alles ist. Man nichts vermisst.
Ist die Unendlichkeit zu zwingen?

Am Ende unsrer Zeit vielleicht.
Sinnlos ist dann jedes Streben.
Jedes Ziel ist schon erreicht.
In Allem und im Nichts zu schweben.

Geteiltes Licht

Es stehn am blauen Zelt
tausend goldne Sterne.
Stürzt einer auf die Welt,
fang ich auf ihn gerne.

Mein Herz er dann bewohnt.
Er leuchtet mir so hell.
Ich fühl mich reich belohnt.
Ist meines Lebens Quell.

Doch kann ich nicht für immer
halten ihn gefangen.
Langsam wird sein Schimmer
zu anderen gelangen.

Mit jedem, der es mag,
das Licht wird gern geteilt.
Vielleicht kommt bald der Tag,
wo es bei allen weilt.

Zwischen den Zeilen

Das Wesen aller Dinge
lässt sich nicht erfahren.
Wie sehr ich auch drum ringe:
sie ihr Geheimnis wahren.

All mein Müh'n und Kämpfen
bracht' mich nicht heran.
Man wusste stets zu dämpfen
den Eifer und Elan.

Da hielt ich einfach stille.
Ergab mich ins Geschick.
Erstorben war mein Wille.
Doch weit der Seelenblick.

Aller Dinge Wesen
wohl nie wird ausgebreitet.
Doch zwischen den Zeilen lesen
die Erkenntnis weitet.

Das Leben ist stärker

Das Leben ist stärker.
Der Traum zieht vorbei.
Überwunden der Kerker.
Der Tod einerlei.

Doch streift da vorüber
düsteres Weben.
Ersteht wie im Fieber,
was längst weggegeben.

Mit Mühe entronnen
dem tödlichen Bann.
Der Kraft sich besonnen.
Das Leben gewann.

Stille Botschaft

Märchen jeder Stein erzählt.
Uralt manch Baum da mächtig steht.
Elfen wispern von der Welt,
die entsteht und bald vergeht.

Bist du im Herzen sanft und still,
kannst du verstehen, was gesagt.
Nicht der Verstand, nur das Gefühl,
gibt Antwort dem, der ehrlich fragt.

Verloren doch ist jedermann,
der frevelnd, spottend sich gebärdet,
der da bricht den heil'gen Bann
und den Frieden roh gefährdet.

Und es erzählt so mancher Stein
von Gnadengaben still und reich
und der Sühne, die allein
den Frevler traf mit festem Streich.

Entrinnen

Wer löst den Knoten? Trifft das Ziel?
Schafft hinweg das Hindernis?
Denn zu klagen hilft nicht viel.
Die Tat sich meist als gut erwies.

Verwerfen all die trüben Tage.
Auf, zur Sonne leicht und froh!
Doch zu schwer wiegt manche Plage,
als dass sie leichthin dir entfloh.

Zwischen Rosen glücklich wandeln.
Statt schlechter Laune Blütenduft.
Wer kann schon mit Gefühlen handeln?
Setz die schlechten an die Luft!

Die dunklen Schatten dann entfliehn.
Erlöschen wird ihr böser Bann.
Das Herz kann wieder neu erglühn.
Und es aufwärts geht sodann.

Traumgeschenk

Verblasst sind die Sterne.
Verschlossen der Raum.
Wie möcht ich so gerne
behalten den Traum.

So herrlich gefühlt,
was im Ewigen liegt.
Das Herz aufgewühlt
sich in Seligkeit wiegt.

Mit hoffendem Mut
der Tag neu beginnt.
Göttliche Glut
durch die Adern mir rinnt.

Man dankbar empfängt
der Ewigkeit Zeichen.
Im Traume geschenkt,
soll es niemals mehr weichen.

Verbindende Trennung

Wie lieb ich den Blick vom sanften Gestade
hinaus auf das Meer.
Wo auf gekräuselter Wogen Pfade
wünsch ich dich her.

Am anderen Ufer auch du blickst hinaus
aufs Meer, das uns trennt.
Und willst, dass ich bald komm nach Haus,
weil die Sehnsucht so brennt.

Ich weiß ja, wie sehr auch dein Herz sich sehnt
nach dem meinen.
So kann der Ozean, so weit er sich dehnt,
uns beide vereinen.

Ermahnung

Errungen hast du dir soviel.
Reichtum, Ansehen, Ruhm und Ehre.
Du wähnst dich schon an deinem Ziel.
Als ob das wirklich alles wäre.

Ob deine Liebste an dich denkt?
Du hast verlassen sie für Geld.
Sie hatte dir soviel geschenkt.
Doch wolltest du das Gold der Welt.

Nicht wert sind Silber, noch das Gold,
die große Liebe zu verraten.
Du zogst vor des Mammons Sold.
Doch vergeblich deine Taten.

Denk an dein Herz, besinne dich!
Such zu ihr zurückzufinden!
Es warst du, der von ihr wich.
An dir liegt's, neuen Kranz zu winden.

Knappe Frist

Das späte Jahr noch einmal zeigt
den blauen Himmel dir.
Bevor es sich zu Ende neigt,
es prunkt in schönster Zier.

Ein Geschenk doch jeder Tag,
der Freiheit dir verheißt.
Wenn der Winter kommen mag,
er jedes Band zerreißt.

Nie zu spät

In späten Tages stillen Stunden
habe ich dein Herz gefunden.
Obwohl das Abendrot schon winkt,
uns zärtliche Musik erklingt.

Es nie zu spät ist für die Liebe,
die innig dann und rein dir blüht.
Und wenn sie bis zum Ende bliebe,
der Tag nicht ganz umsonst verglüht.

Kinder der Erde

Kinder der Erde!
Werft ab eure Ketten,
dass Frieden euch werde
in den Ländern und Städten.

Jagt fort doch die Herren,
die die Fäden jetzt ziehen.
Vor Gerichte euch zerren,
wollt ihr entfliehen.

Die heutige Macht
ist vom Bösen gestützt.
Sie hat nichts gebracht,
was der Welt nützt.

Schafft neu die Welt
im göttlichen Sinn.
Das allein zählt.
Sonst bleibt nur Ruin.

Immer du

Schmeichelnde Töne in samtblauer Nacht.
Es duften die Blüten mit betäubender Macht.
In lieblichen Träumen ich mich verlier.
Mein Herz, es sehnt sich unendlich nach dir!

Es schlägt in endlosem Takt: nur du!
Nur du, nur du, nur du immerzu!
Was zählt schon mein Ich, das hilflos und schwach?
Kann nicht mehr schlafen, lieg jede Nacht wach.

Schuld bist nur du, immerzu du!
Ich wünsch mir so innig ein Rendezvous.
Schier verging' ich vor heißem Entzücken,
könnte voll Liebe ans Herz ich dich drücken.

Verklungen die Töne in samtblauer Nacht.
Der Morgen hat zwar die Sonne gebracht,
doch was mir fehlt, bist immer nur du.
Nur du, nur du, nur du immerzu!

Wie lange noch

Wenn einst sich die Erde rächend erhebt
und in Dunkelheit verwandelt das Licht,
dann das Menschenherz furchtsam erbebt
vor der finstren Dämonen Gericht.

Abwärts vom Strudel werden gerissen,
die niemals zuvor sich um Höh'res bemüht.
Das Licht werden viele der Guten vermissen,
eh aus dem Dunklen die Rettung erblüht.

Was erst zuunterst, oben dann liegt.
Die Erde sich zeigt in herrlichem Kleid.
Das Übel wurde zuletzt doch besiegt.
Die Besten der Menschheit überwanden das Leid.

Wie lange noch kann uns währen die Frist,
bis dieses alles wird uns ereilen?
Besinn dich, o Mensch, sonst verloren du bist!
Dann wird der Himmel das Glück mit euch teilen.

Geträumte Liebe

Deinen Namen kenn ich nicht.
Seh nur dein liebliches Gesicht.
Lächelst mir so freundlich zu.
Und gewinnst mein Herz im Nu.

Du bist die Antwort auf mein Sehnen.
Will mich zärtlich an dich lehnen.
Es kommt ganz nahe mir dein Mund.
O küss mich doch! Mein Herz ist wund.

Deine Lippen sind so weich.
Sie öffnen mir das Himmelreich.
Doch plötzlich bist du nicht mehr da.
Ich nicht weiß, was da geschah.

Als ich aus meinem Traum erwacht,
hab ich noch lang' an dich gedacht.
O wie mein Herz dich doch vermisst.
Wie wüsst ich gern, wer du wohl bist!

Nur für den Augenblick

Was tun, wenn die großen Gefühle verfliegen?
Die hohen Gedanken in der Tiefe versiegen?
Wenn die Leere dich droht zu verschlingen?
Was kann die Ideen dir je wiederbringen?

Werden der Dämonen finstre Intrigen
das schöpfrische Schaffen doch noch besiegen?
Den Genius sie für den Augenblick fingen.
Doch bald wird das Lied wieder siegreich erklingen.

Sonnenstrahlen

Wenn die letzten Sonnenstrahlen
durch die schwarzen Wolken brechen,
erscheint es wie ein leis Versprechen,
das sie auf die Erde malen.

Denn nicht ewig bleibt verschlungen
unsre Hoffnung, unser Licht.
Wir müssen leisten nicht Verzicht,
weil wir's uns einstens ausbedungen.

Unser Lohn für die Geduld,
die uns tragen lässt die Bürde,
ist die Wiederkehr der Würde,
wenn in Verzeihn sich kehrt die Schuld.

Dann durchbrechen Sonnenstrahlen
die Dunkelheit, so Schicht für Schicht.
Und erneut ersteht das Licht.
Beendet alle unsre Qualen.

zeiten des lebens

gewundene pfade
hinauf und hinab
zeiten des jahres
mal rauh und mal sanft
die plage wiegt schwerer
gebeutelt vom sturm
vom hagel zerschlagen
durch kälte und hitze
doch wo ist das ziel
nur zufall das alles
wenn du es findest
gewollt mit verstand
gewundene pfade
hinauf und hinab
mal rauh und mal sanft
zeiten des lebens

Ein Engelsflügel

Ein Engelsflügel streifte mich.
Er sanft mir übers Auge strich.
Trost und Liebe fühlte ich.
Und alle Furcht von mir nun wich.

Entrückt der Wirklichkeit ich war.
Mein Herz auf einmal wunderbar
mir tiefen Frieden da gebar.
Fern von mir nun die Gefahr.

Voll Freude ließ ich dies geschehen.
Im Traum konnt ich den Himmel sehen.
Der Engelshauch musst dann verwehen.
Da half kein Bitten und kein Flehen.

Nur ein ahnungsvolles Sehnen
ist geblieben. Und die Tränen.
Wenn die Jahre sich auch dehnen:
Ich darf mich doch geborgen wähnen.

Bilanz

Ein ganzes Leben hat man Zeit.
Gewinn bereitet oft viel Lust.
Doch ist man leider nicht gefeit
vor manchem schmerzlichen Verlust.

Alles wird genau verbucht.
Die Zahlen füllen meistens Bände.
Vergeblich man zu tricksen sucht.
Doch abgerechnet wird am Ende.

Ist der Saldo ausgeglichen,
könnt man schon zufrieden sein.
Doch ist so viel an Zeit verstrichen,
dass dies Ergebnis dünkt zu klein.

Kommt unterm Strich ein Plus heraus,
war das Handeln nicht vergebens.
Sieht hoffentlich passabel aus,
die Bilanz des ganzen Lebens.

Vieles schräg

Das Herz ist grau.
Schlägt wie verrückt.
Zuviel an Stau.
Nicht alles glückt.

Wann ist Stille?
Wo der Weg?
Zwar stark der Wille.
Doch vieles schräg.

Den Umweg gehen.
Letzte Kraft.
Man wird sehen.
Ob man's schafft.

Gefangen in der Zeit

Die bangen Stunden ziehen dahin.
Die Zeit sollt manchmal schneller gehen.
Doch kann man an dem Rad nicht drehen.
Und all den Zwängen nicht entfliehn.

Der Geist fliegt in die weite Ferne.
Eilt voraus der Dornenzeit.
Dort sei er von der Last befreit.
Erträumt ein Blütenfest sich gerne.

Die Hoffnung zieht den Lebenswagen.
Liebevoll soll man sie pflegen.
Wenn sich erst die Zweifel regen,
muss man schwer die Lasten tragen.

Noch ein Weilchen

Der Dornbusch glänzt im Sonnenlicht
genauso wie das sanfte Veilchen.
Wobei der eine heftig sticht,
das andre aber lieblich riecht.

Das ist der Sonne ganz egal.
Sie schaut ganz einfach drüber hin.
Schert sich nicht um Art, noch Zahl.
Trifft auch keine eigne Wahl.

Doch der Mensch, der kann das nicht.
Es braucht wahrscheinlich noch ein Weilchen,
bis Verstehen wird zur Pflicht.
Dass Liebe wird geboren aus Licht.

Es war gut

Tauchen in die dunkle Zeit.
Sich hüllen in Geborgenheit.
Mag es draußen düster sein.
Das Herz hüllt sich in Träume ein.

Bilder hell vorüberziehn.
Erinnerung an Frühlingsgrün.
Auch an des Sommers heißes Fieber.
Leise Wehmut, weil's vorüber.

Wo ist des Frühlings wilde Kraft?
Froher Jugend Leidenschaft?
Wo Liebe reichte gern die Hand
zu knüpfen manches süße Band.

Jetzt die Winterstürme heulen.
Nicht lange wird man mehr verweilen.
Wenn erst der Schnee bedeckt das Land,
ermattet bald die schwere Hand.

Grübelnd stellt man sich die Frage,
ob man genossen hat die Tage.
Doch letztlich man in Frieden ruht.
Wie es war, so war es gut.

Rote Tränen

Rote Tränen auf den Wangen.
Tränen heiß und rot wie Blut.
Schleichen sich gleich tück'schen Schlangen
ins Gemüt mit stiller Wut.

Durch den Schleier schemenhaft
erkennbar kaum noch die Gestalt,
die das Ziel der Leidenschaft
einst war mit wilder Urgewalt.

Rote Tränen. Salz'ge Liebe.
Noch fühlt das Herz ein heißes Sehnen.
Wenn die Geliebte doch nur bliebe!
Dann Liebesrot besiegt' die Tränen.

Kurze Schritte

Zu sehen sein eignes Lebensziel,
auf dass man besser es erreicht,
hilfreich wäre. Doch das Spiel
meistens einem Blindflug gleicht.

Denn die Straße geht gewunden.
Die Sicht von Bergen wird verstellt.
Der Weg mal gut, oft schlecht befunden,
wird dem Wandrer meist vergällt.

Doch zu schauen nicht zu weit
einem immer leichter fällt.
Man begnügt sich mit der Zeit
mit einem kleinen Stück der Welt.

Kurze Schritte reichen aus,
zu nähern sich dem letzten Ziel.
Und dort, ja dort ist man zu Haus.
Alles andre zählt nicht viel.

Versunkene Erinnerung

Einst schritt ich über grüne Wiesen.
Blumen blühten um mich her.
Der Frühling hat mich sanft gestreichelt.
Das Wonneleben froh genießen.
Das Herz frohlockte, wollte mehr.
Wie hat die Liebe mir geschmeichelt!

Die Wiesen sind jetzt braun geworden.
Verblüht der süßen Blumen Pracht.
Im Herbst der Jubelton verklingt.
Eisig dreht der Wind auf Norden.
Gar bald umfängt mich Winters Nacht.
Erinnerung im Schnee versinkt.

Traurigkeit

Traurigkeit befällt das Herz.
Unerwartet oft und schwer.
Es bietet wenig Trost ein Scherz,
wenn das Herz so völlig leer.

Widerstreitende Gefühle
breiten sich gar rankenhaft.
Welche wünschenswerten Ziele
wecken neu die Leidenschaft?

Eine Brücke will man finden,
die verbindet Freud und Leid.
Um erneut ein Glück zu gründen,
welches hält für ein'ge Zeit.

Letzte Zeit

Die lange Strecke war zu gehen
übers Eis so dünn und glatt.
Der Versuchung widerstehen,
hinzusinken müd und matt?

Nicht mehr weiter sich zu quälen.
Nie mehr so zu tun, als ob.
Und nicht die Tage mehr zu zählen,
wo's nicht Tadel gab statt Lob.

Letztlich ist es schön am Eise.
So kühl und sanft und stachellos.
Soll zu Ende gehen die Reise.
Hier und jetzt im kalten Schoß.

Die vielen Herzen schemenhaft
geben dir noch mal Geleit,
welche du geliebt, gestraft.
Dann erfriert die letzte Zeit.

Wiedergeburt

Angestrebt die höchsten Höh'n.
Für immer nur im Licht zu stehn.
Erhaben über alles Niedere.
Voll Hohn belächelnd alles Biedere.
Nur die eigne Kraft noch sehn.

Der Stern gestürzt ins schwarze Loch.
Verschwunden nun, was einstens hoch.
Nicht zu bremsen war der Fall.
Die Spur verlorn im weiten All.
Was ist jetzt vorhanden noch?

Unendlich lange ist die Zeit,
bis er wieder ist soweit.
Aus dunklem Nebel neu erwachen.
In Gemeinschaft mit den Schwachen.
Zu neuem Leuchten still bereit.

Tödliche Hitze

Die heiße Luft
sich auf die Seele legt.
Die Sonne sticht
erbarmungslos ins Hirn.
Ermattet ruft
das Herz, das müde schlägt.
Man hört es nicht.
Schatten auf der Stirn.

Das Auge trüb.
Gedanken schweifen weit.
Erinn'rung blüht.
Der Geist hält in ihr Rast.
Wenn auch nichts blieb,
war einmal schönre Zeit.
Sehnsucht glüht.
Verdämmern in dem Glast.

Umleitung

Die Straße führte stets gradaus.
In Harmonie verlief sie hin
zu weiten Fernen tiefen Blaus,
wo glücklich hell die Sonne schien.

In all das sel'ge Vorwärtsgleiten
plötzlich rot ein Zeichen drang.
Musste dem ein End bereiten,
was vordem so gut gelang.

Der breite Pfad ward weggerissen
von schicksalhafter Wetter Kraft.
Ein neuer Weg ließ jetzt vermissen,
was vordem so leicht geschafft.

Mit starkem Mut und ruhiger Hand
der Umweg wird zu meistern sein.
Wie gut, dass dort ein Zeichen stand.
Im Unglück doch nicht ganz allein.

Erfrorenes Glück

Ich sucht' sie unter Blüten,
voll Unschuld weiß und rein.
Sie wollten sie behüten
und ohne sie nicht sein.

Ich küsst' sie unter Bäumen,
grün und voller Saft.
Wir wollten nichts versäumen
in unsrer Leidenschaft.

Ich hielt sie fest im Garten,
als reif die Früchte standen.
Um uns sich Vögel scharten,
ein schwarzes Band uns wanden.

Ich weint' um sie im Eise.
Erstarrt so weiß und rein.
Der Schnee bedeckt uns leise.
Für immer bei ihr sein.

Alles vergänglich

Lockender Mund.
Schelmischer Blick.
Wehendes Haar.
Schlanke Gestalt.
Brüste so rund.
In T-Shirt schick.
Blonde Gefahr.
Liebesgewalt.

Soll ich's wagen?
Soll ich sie fragen?
Was würde sie sagen?

Sehnsucht so heiß
mein Herz verzehrt.
Wildes Begehren.
Nicht zu bezähmen.
Doch welchen Preis
ist mir das wert?
Kann lange es währen?
Wird sie mich nehmen?

Die Liebe gesehen.
Doch nichts ist geschehen.
Vorbei ließ ich's gehen.

Vergessen

Vergessen, vergessen.
Alles vorbei.
Was einst ist gewesen,
scheint jetzt einerlei.

Was früher mal wichtig
und unglaublich schwer,
ist jetzt null und nichtig,
da zu lange her.

Was heut ist, mag schlecht sein.
Wer kann es ermessen?
Vielleicht ist's auch fein.
Doch morgen vergessen.

Schnee in dunkler Nacht

Wenn leis der Schnee vom Himmel fällt,
mein Herz wird ruhig. Es nichts mehr quält.
Die Welt versinkt in völl'ger Stille.
Im Gefühl verschwimmt der Wille.

Frieden bringt in dunkler Nacht
ganz sanft die weiße Flockenpracht.
Von Kristallen winzigklein
ein Licht strahlt mir ins Herz hinein.

Allein mit meines Herzens Schlagen
verklingen alle meine Fragen.
Ich lausche der Unendlichkeit,
wenn draußen es ganz leise schneit.

Verlorene Mitte

Rotgelber Glast über flirrendem Grund.
Verschlägt das Gehirn, trocknet den Mund.
Die Gesten erschlaffen, die Miene erstarrt.
Die Zeit über glühenden Sinnen verharrt.

Fern allen Sehnens geht das Herz viel zu träg.
Längst gab es auf das Ziel und den Weg.
Einst uns zu Zeiten auch Regen erquickte,
den das Geschick uns vorsorglich schickte.

Doch wollten wir immer die Sonne nur sehen.
Uns ständig in Licht und Wärme ergehen.
Nur eine Seite sollt sein unser Ziel.
Wir vergaßen den Sinn hinter wechselndem Spiel.

Es fehlt nun der Ausgleich des Gegengewichts.
Die Mitte verbrannte. Übrig blieb nichts.
Wo ist der Wiesen und Wälder Grün?
Wann werden die Herzen wieder erblühn?

Vermessener Wunsch. Die Ideale verraten.
Die Götter uns gaben, worum wir sie baten.
Möge sie gnädig stimmen die Reue.
Und bald zur Mitte uns leiten aufs neue.

Vergängliche Schönheit

Es war einst in stiller, dunkler Nacht,
als ich küsste deinen roten Mund
voll Inbrunst wohl für eine ganze Stund.
Und was wir heimlich alles noch gemacht!

Du lagst bei mir in deiner süßen Pracht.
Ich sah in deiner blauen Augen Grund.
Und liebkoste deines Leibes Rund.
In uns die Lieb ist heiß und wild erwacht.

Doch plötzlich gramvoll ich viel tiefer sah.
Mir war, als sei das traur'ge Ende nah.
Ich konnt den jähen Wandel nicht verstehen.

Denn einst zerfallen wird die Schönheit dein.
Nichts am End von ihr mehr übrig sein.
Alles muss im Wind der Zeit verwehen.

in sich ganz

betrachte ein ding
nur lange genug
dann wirst du sehen
dass es sein gegenteil
in sich birgt
weiß wird schwarz
schwarz wird weiß
alles ist in sich
ganz

Finale

Wo gingst du wohl hin, mein Liebe?
In dieser finsteren Nacht?
Ich hoffte, dass mir noch was bliebe.
Doch du hast das Glück weggebracht.

Was machst du denn nun so alleine?
Wenn keiner dich hält und beschützt?
Willst jetzt nicht sein mehr die Meine.
Meine Liebe dir wohl nichts mehr nützt.

Warum heulen die Hunde so wild?
Und krächzen die Raben so laut?
Es fiel von der Wand dein Bild.
Und ich habe zugeschaut.

Begeisterung

So lau die Luft auch wehen mag
über meiner Seele Kleid,
nicht ruhig ist des Herzens Schlag.
Der Frieden ist so endlos weit.

Denn hohe Wünsche ewig zerren
an dem Käfig der Gefühle.
Doch die starren Grenzen sperren,
was das Herz sich setzt zum Ziele.

Nur die Gedanken hoch sich schwingen.
Das Herz verharrt in trister Enge.
Der Verstand will es erzwingen.
Will entkommen dieser Strenge.

Die Luft ist lau und hell der Schein.
Nach außen hin ist alles gut.
Doch etwas fehlt zum Glücklichsein.
Das Herz entbehrt der innren Glut.

Nur die Begeist'rung kann entzünden
die Flamme höchster Leidenschaft.
Dann wird das Herz die Quelle finden,
aus der es trinkt die Schöpferkraft.

Stiller ist's

Stiller ist's geworden.
In und um uns her.
Das Herz will überborden.
Nur hat's die Kraft nicht mehr.

Doch auch in späten Tagen
gibt's noch Sonnenschein.
Kein Grund für uns zum Klagen.
Wir sind doch noch zu zwei'n.

Höchstes Streben

Tritt hervor aus deiner Einsamkeit.
Zeig für das Leben dich bereit.
Lass Licht und Liebe an dein Herz heran.
Sonst hast du all dein Glück vertan.

Wie schön der Vögel Sang dich weit begleitet!
Unbedankt dir Freud bereitet.
Ein Lied von Liebe und vom Glück auf Erden.
Folge ihm, es wird schon werden.

Du wirst es nicht mehr anders haben wollen.
Da ist kein Hadern mehr, kein Grollen.
Mit einem lieben Menschen wirst du leben.
Und Liebe ist dann all dein Streben.

Helle Gedanken

Helle Gedanken
wie silberne Weben
dem Herzen entschweben
und alles umranken.

Entfalten sich fein
und finden ein Ziel,
so voller Gefühl,
und hüllen es ein.

Was da gleich schwingt,
gefühlvoll verbunden,
in Frieden umwunden,
ganz rein erklingt.

Helle Gedanken
kehren zurück.
Sie bringen dir Glück,
dem Herzen zu danken.

Weitere Werke von Alfred L. Rosteck

des lebens volles maß
Lyrik, BoD 2013, 92 Seiten
ISBN: 978-3-7322-4672-4
ebook: ISBN 978-3-7322-2124-0

Das Labyrinth und andere
Kurzgeschichten
Edition VaBene 2012, 200 Seiten
ISBN 978-3-85167-267-1

schicksalwärts
Lyrik, BoD 2011, 92 Seiten
ISBN 978-3-8423-6086-0
ebook: ISBN 978-3-7357-7192-6

Wer spürt die Freude noch?
Gedichte und Geschichten um
Weihnachten
BoD 2010, 108 Seiten
ISBN: 978-3-8391-8112-6
ebook: ISBN 978-3-7322-0965-1

Zwischen Abend und Morgen
Lyrik, BoD 2010, 236 Seiten
ISBN 978-3-8391-5276-8
ebook: ISBN 978-3-7357-7294-7

Spirale des Lebens
Lyrik, BoD 2009, 92 Seiten
TB: ISBN 978-3-8370-9584-5
e-book: ISBN 978-3-8423-1501-3

Der alte Mann auf dem Felsen
Novelle, BoD 2008, 96 Seiten
ISBN 978-3-8370-5651-8
ebook: ISBN 978-3-7357-9573-1

Eine Insel in der Zeit
Lyrik, BoD 2008, 92 Seiten
ISBN 978-3-8370-4299-3

Ewige Reise
Lyrik, BoD 2007, 96 Seiten
ISBN 978-3-8370-1047-3
ebook: ISBN 978-3-8423-9909-9

Im Sternenschein
Lyrik, BoD 2007, 92 Seiten
ISBN 978-3-8334-9280-8

Stilles Glück
Lyrik, BoD 2007, 92 Seiten
ISBN 978-3-8334-9197-9
ebook: ISBN 978-3-8423-8905-2

**Der Mann, der sich in seine eigene
Geschichte verirrte**
Roman, Novum 2007, 250 Seiten
ISBN 978-3-8502-2147-4

Der Schatten deiner Liebe
Lyrik, Novum 2007, 144 Seiten
ISBN 978-3-9025-3664-8